EN LAS RECESIONES ES CUANDO SE CREAN MILLONARIOS Y MULTIMILLONARIOS.

EN LAS RECESIONES ES CUANDO SE CREAN MILLONARIOS Y MULTIMILLONARIOS.

Por: D.K. Hawkins
Versión 1.1 ~Diciembre 2022
Publicado por D.K. Hawkins en KDP
Copyright ©2022 por D.K. Hawkins. Todos los derechos reservados.

Ninguna parte de esta publicación puede ser reproducida, distribuida o transmitida de ninguna forma ni por ningún medio, incluidos el fotocopiado, la grabación u otros métodos electrónicos o mecánicos, ni por ningún sistema de almacenamiento o recuperación de información, sin el permiso previo por escrito de los editores, excepto en el caso de citas muy breves incluidas en reseñas críticas y otros usos no comerciales permitidos por la legislación sobre derechos de autor.

Todos los derechos reservados, incluido el derecho de reproducción total o parcial en cualquier formato.

Toda la información contenida en este libro ha sido cuidadosamente investigada y comprobada. Sin embargo, el autor y el editor no garantizan, expresa o implícitamente, que la información aquí contenida sea apropiada para cada individuo, situación o propósito y no asumen ninguna responsabilidad por errores u omisiones.

El lector asume el riesgo y la plena responsabilidad de todas sus acciones. El autor no será responsable de ninguna pérdida o daño, ya sea consecuente, incidental, especial o de otro tipo, que pueda resultar de la información presentada en este libro.

Todas las imágenes son de uso gratuito o han sido adquiridas en sitios de fotografías de archivo o libres de derechos de autor para uso comercial. Para este libro me he basado en mis propias observaciones y en muchas fuentes diferentes, y he hecho todo lo posible por comprobar los hechos y dar crédito cuando es debido. Si se utiliza algún material sin la debida autorización, póngase en contacto conmigo para corregir el error.

La información proporcionada en este libro es sólo para fines informativos y no pretende ser una fuente de asesoramiento o análisis de crédito con respecto al material presentado. La información y/o los documentos contenidos en este libro no constituyen asesoramiento jurídico o financiero y nunca deben utilizarse sin consultar previamente con un profesional financiero para determinar qué puede ser lo mejor para sus necesidades individuales.

El editor y el autor no ofrecen ninguna garantía ni promesa sobre los resultados que puedan obtenerse al utilizar el contenido de este libro. Nunca debe tomar una decisión de inversión sin antes consultar con su asesor financiero y llevar a cabo su propia investigación y diligencia debida. En la medida en que la ley lo permita, el editor y el autor declinan toda responsabilidad en caso de que la información, los comentarios, los análisis, las opiniones, los consejos y/o las recomendaciones contenidos en este libro resulten ser inexactos, incompletos o poco fiables o provoquen pérdidas de inversión o de otro tipo.

El contenido de este libro no pretende constituir ni constituye asesoramiento jurídico ni asesoramiento en materia de inversión, y no se establece relación alguna entre abogado y cliente. El editor y el autor proporcionan este libro y su contenido "tal cual". El uso que usted haga de la información contenida en este libro es por su cuenta y riesgo.

ÍNDICE.

ÍNDICE. 3

INTRODUCCIÓN. 5

CAPÍTULO 1: ¿CÓMO PREPARARSE PARA UNA RECESIÓN? 7

CAPÍTULO 2: CÓMO SUPERAR LOS OBSTÁCULOS. 15

CAPÍTULO 3: CRECIMIENTO DE LAS VENTAS DURANTE UNA RECESIÓN. 29

CAPÍTULO 4: MARKETING DURANTE UNA RECESIÓN ECONÓMICA. 41

CAPÍTULO 5: ESTABLECER SU IDENTIDAD DURANTE LA RECESIÓN. 54

CAPÍTULO 6: CÓMO HACER CRECER SU NEGOCIO DURANTE UNA RECESIÓN. 58

CAPÍTULO 7: CÓMO DEJAR DE PREOCUPARSE Y REORIENTAR SU ATENCIÓN HACIA EL CRECIMIENTO EMPRESARIAL! 62

CAPÍTULO 8: SER MÁS ACTIVO QUE PROACTIVO. 68

CAPÍTULO 9: ESTRATEGIAS PARA LA ESTABILIZACIÓN DE LAS EMPRESAS DURANTE UNA RECESIÓN. 76

CAPÍTULO 10: CÓMO LAS GRANDES EMPRESAS PUEDEN PROSPERAR INCLUSO EN TIEMPOS DIFÍCILES. 83

CAPÍTULO 11: HAGA CRECER SU NEGOCIO INDEPENDIENTEMENTE DE LAS CONDICIONES DEL MERCADO. 95

CAPÍTULO 12: CONCENTRARSE EN LA INNOVACIÓN, NO EN LA RECESIÓN. 101

CAPÍTULO 13: ESTRATEGIAS PARA AUMENTAR LAS VENTAS DURANTE UNA RECESIÓN. 108

CONCLUSIÓN. 112

INTRODUCCIÓN.

Todos estamos familiarizados con las repercusiones negativas de una recesión, como el desempleo, la inflación y muchas más, pero créame: algo bueno se puede encontrar. En este libro, describiré las ventajas de la actual recesión económica y cómo podría empezar a ganar una fortuna en el próximo mes.

Comenzaré este artículo con algunos hechos. Durante la Gran Depresión, se crearon más millonarios que en cualquier otro momento. Sí, se hicieron más millonarios durante uno de los peores periodos de la historia de EE.UU. que en todas las demás épocas juntas. Puede preguntarse por qué, y la respuesta es sencilla.

La necesidad. No es un fenómeno inexplicable que suministrar lo que otros desean sea la forma más fácil de hacerse millonario. Las ventas directas no son más que un subproducto de la recesión económica.

La venta directa es el camino más razonable hacia la independencia financiera. Internet está relacionado con el modo en que la tecnología está transformando la venta directa. De hecho, el estilo de vida de Internet es deseable, pero hay muchos requisitos previos para el éxito.

Debe comprometerse con lo que hace; de lo contrario, nunca logrará la vida que desea. Según el adagio, "debes medir tu ego por tu cuenta financiera", tu opinión no vale nada si alguien tiene lo que tú deseas. Por tanto, sométete al bien mayor.

Hay muchos más beneficios de la recesión económica de los que parecen en un principio, pero necesitarás una estrategia para lograr tus objetivos. Si finalmente quiere dejar su trabajo, despedir a su jefe o simplemente tomarse unas vacaciones y pasar más tiempo con su familia, ya posee el deseo. Por lo tanto, siga los pasos que se comentan en este LIBRO. Feliz Lectura.

CAPÍTULO 1: ¿CÓMO PREPARARSE PARA UNA RECESIÓN?

¿Qué es exactamente una recesión?

En términos económicos, es la contracción de la economía durante al menos dos trimestres consecutivos. Las empresas están creando menos vaqueros Sean John y camionetas Cadillac Escalade porque los consumidores estadounidenses, que representan aproximadamente el 70% de toda la actividad económica, gastan menos dinero que hace seis meses.

Como los consumidores siguen reduciendo su gasto, las empresas restringen la producción de sus bienes y servicios y empiezan a despedir empleados para poder reducir gastos y mantener beneficios. Como las perspectivas económicas son sombrías, los inversores ya no están seguros de que las empresas puedan aumentar sus beneficios vendiendo más productos, lo que provoca un descenso del valor de las acciones de las grandes empresas.

Los inversores empiezan a vender sus acciones cuando disminuye su confianza para evitar futuras pérdidas. Para evitar las pérdidas debidas a las hipotecas de alto riesgo, muchos inversores empezaron a vender sus acciones, lo que provocó una rápida caída del valor del mercado bursátil.

¿Qué puede hacer para proteger sus finanzas?

Conviértase en empresario a tiempo parcial.

Aconsejo a la gente que piense en formas de aumentar sus ingresos, ya que, una vez que la recesión haya pasado y todo vuelva a la normalidad, seguirás teniendo esa fuente de ingresos y puede que te encuentres en una situación financiera mejor.

Y lo que es más importante, ¡descubrirás cómo ser "a prueba de recesiones" creando muchas fuentes de ingresos! Es hora de identificar su pasión o pasatiempo e idear formas ingeniosas de ganar dinero haciendo algo que le gusta.

Si no dispones de un capital considerable para invertir, pide un préstamo y descubre un producto de bajo coste para venderlo los fines de semana y aumentar tus ingresos de "9 a 5". Por ejemplo, puedes negociar la compra de todo el inventario de productos en una venta de garaje local con descuento, luego revenderlos con beneficio en un mercadillo local y repetir el proceso. Se asombraría de los resultados financieros.

A medida que la economía se deteriora, la Reserva Federal reducirá los tipos de interés a corto plazo (por ejemplo, tarjetas de crédito, préstamos para automóviles) para animar a los particulares a pedir prestado y gastar, reactivando la economía. Como los tipos de interés siguen bajando, ahora es un momento excelente para pedir dinero prestado para poner en marcha un negocio.

Yo utilicé tarjetas de crédito para financiar mi "negocio de fin de semana" (vender ropa) en la universidad. Antes de que me cobraran intereses, pagaba el saldo y reinvertía las ganancias hasta que tenía fondos suficientes y ya no necesitaba depender de la tarjeta de crédito. Muchas empresas de tarjetas de crédito ofrecen ahora un 0% de interés, lo que supone dinero gratis para invertir; no obstante, es aconsejable leer la letra pequeña y saber cuándo caduca la oferta.

Ahorrar, ahorrar, ahorrar!

Sé que no todo el mundo tiene el temperamento o la tolerancia al riesgo para convertirse en empresario. Entonces, ¿qué harás si no eres propietario de una pequeña empresa, sino un empleado de 9 a 5? Si no puedes ser una empresa, al menos puedes aprender a pensar como tal: ¡disminuir gastos!

Examine todos sus gastos y vea dónde puede ahorrar dinero. Intenta negociar con tus proveedores de servicios, incluidos el barbero, el peluquero, la tintorería y, si es posible, el casero. Al acabar la universidad, lo cambiaba todo.

Primero, determinaba con precisión lo que le gustaba o deseaba a esa persona, luego lo encontraba más barato de lo que pagaba y le ofrecía intercambiar mis servicios a cambio. Ahorraba cientos de dólares al mes haciendo trueques por comida, alquiler, limpieza en seco y otros servicios.

Refinanciar la deuda.

Refinanciar su deuda es otro método para aprovechar los tipos de interés reducidos de este año. Al refinanciar un préstamo, el banco o la entidad financiera que elija pagará la totalidad de su préstamo actual y le concederá un nuevo préstamo a un tipo de interés más bajo. Puede considerar la refinanciación a un tipo de interés fijo más bajo si tiene una hipoteca, un préstamo de automóvil o una deuda de tarjeta de crédito.

Por ejemplo, si tiene un préstamo de 25.000 dólares para un coche con un tipo de interés del 8,5%, el nuevo banco que le refinancie cancelará su antiguo préstamo enviando un cheque a su antiguo banco y emitiéndole un nuevo préstamo de 25.000 dólares con un tipo de interés del 6%, lo que probablemente reducirá el coste total del vehículo y sus pagos mensuales.

Deberías regatear con la compañía de tu tarjeta de crédito para minimizar el tipo de interés. Es probable que te rebajen el tipo de interés si has estado pagando más de la cantidad mínima y no te has retrasado en los pagos mensuales.

Además, debes ponerte en contacto con los emisores de tu tarjeta de crédito cada seis meses para solicitar un tipo de interés más bajo y un límite de crédito más alto, con el fin de ahorrar dinero y mejorar tu crédito.

Empezar a invertir.

¿Cuándo es el momento perfecto para invertir en bolsa directamente o a través de una cuenta 401(k) o Roth IRA? Ayer. El objetivo es empezar a invertir rápidamente porque el tiempo juega a su favor. Según las noticias, la bolsa está funcionando mal y todo el mundo está perdiendo dinero. Sin embargo, la realidad financiera es que invertir en bolsa crea riqueza a largo plazo.

Hace unos meses, mi tío me llamó por teléfono y me dijo: "El mercado está bajando y estoy perdiendo miles de dólares. ¿Qué me recomienda que haga?". Le indiqué que comprara otras acciones. ¿Por qué? Porque estás invirtiendo en la economía americana a largo plazo, a menudo entre diez y treinta años, y para entonces deberías estar financieramente seguro.

Mi tío también olvidó que había ganado miles de dólares hasta este año. El mercado está eliminando todas las malas inversiones de la crisis de las hipotecas de alto riesgo y acabará volviendo a la normalidad, lo que le permitirá ganar aún más dinero.

Si dejara de invertir en este momento, se perdería los beneficios futuros de un mercado de valores infravalorado. Dentro de diez o veinte años, el valor del mercado de valores será mucho mayor que en 2008.

Debe comprender que el mercado de valores y la economía estadounidense experimentarán altibajos financieros. Aún así, como la mayor economía del mundo, seguiremos teniendo más altibajos financieros que caídas. Debes ser activo en este juego del capitalismo para beneficiarte del continuo avance económico.

Recuerde que las personas con una actitud adinerada no pierden tiempo ni energía lamentándose por los precios de la gasolina; en lugar de ello, invierten en acciones petroleras para que, a medida que aumenten los precios de la gasolina, sigan beneficiándose.

Están fiscalmente preparados porque se han visto empujados a considerar muchas estrategias para obtener múltiples flujos de ingresos. Las personas con una mentalidad rica no temen las recesiones, ya que tienen conocimientos financieros y pueden percibir oportunidades de dinero donde otros sólo ven devastación financiera.

CAPÍTULO 2: CÓMO SUPERAR LOS OBSTÁCULOS.

¿Cómo le va en medio de esta recesión, que ya ha provocado el desempleo inevitable de muchas personas desafortunadas? Cada mes, ¿tiene suficiente dinero para cubrir todos los pagos pero le queda mucho para pasar con su familia? ¿O tiene que apretarse el cinturón para llegar al próximo sueldo? En otras palabras, ¿tiene constantemente más meses que dinero?

¿Preferiría una solución sencilla que pronto hará que esto sea imposible? Entonces continúe leyendo porque le mostraré precisamente cómo lograrlo a partir de hoy, pero primero, permítame explicarle quién le está proporcionando este documento gratuito y por qué.

A menos que ya seas extremadamente rico, el CEO de una empresa Fortune 500, o te conformes con seguir siendo pobre, debes leer este estudio GRATIS. Necesitará una pequeña inversión financiera de su parte, pero los resultados que obtendrá después de implementar el plan de acción paso a paso que esbozaremos en esta página demostrarán que fue dinero bien gastado.

Una de las maneras más sencillas de iniciar un negocio desde casa en su tiempo libre sin dejar de trabajar para otra persona, hasta que esto hace que trabajar toda la semana, mes tras mes, año tras año por ingresos mediocres sea redundante, es determinar lo que la gente está comprando más. ¿Qué es lo que más piden hoy los consumidores?

Siempre habrá demanda de productos por los que usted podría recibir comisiones de los proveedores para ayudarles a vender más. Aún así, los mejores productos para empezar son los mencionados anteriormente que sólo necesitan que incluyas un enlace en tu sitio web a su sitio web como afiliado, que es un agente que actúa como enlace entre el vendedor y el comprador.

Puede que haya millones de afiliados de cientos de miles de empresas comercializando productos de otras personas, pero la triste verdad es que sólo una pequeña parte de ellos puede ganarse la vida, ya que no saben cómo tener éxito.

Registrarse como afiliado y empezar a anunciar un producto o una gama de artículos es gratis, o debería serlo. Por lo general, también se le da su sitio web y su ID de afiliado, mientras que todos los demás reciben la misma página, que a menudo es un calco del sitio web de la empresa. En consecuencia, compite directamente con ellos y nunca ganará dinero únicamente con ese sitio web.

Sólo se le compensa si alguien le compra. La mayoría de los consumidores compran directamente en el sitio web principal de la empresa porque pueden gastarse una fortuna atrayendo a muchos compradores ansiosos a su sitio.

Usted necesita su sitio web exclusivo que envíe a sus aspirantes a compradores al sitio web principal, donde cobran el pago, envían al cliente el producto y le envían un correo electrónico para informarle de que ha realizado una venta. Le pagarán cada dos semanas, cada mes o cuando el importe supere un determinado umbral.

Sería muy caro enviar cheques por pagos tan pequeños como 3 $, aunque la mayoría de los pagos de los afiliados, sobre todo los de éxito, son mayores.

Si el artículo se vende por 100 $, recibirá 50 $ mediante cheque, depósito directo o PayPal, que algunas empresas exigen.

Registrarse para obtener una cuenta PayPal es gratuito, al igual que abrir una cuenta en Click Bank, donde podrá encontrar numerosos productos de gran demanda que pueden hacerle ganar hasta el 75% del precio de venta en cada venta como afiliado, aunque debe vender para ganar dinero.

Cuando digo "vender", me refiero a que los mensajes de tu sitio web generen demanda mientras el sitio web principal de tu empresa cierra el trato. De lo contrario, tendrá que esperar una eternidad.

Esto permite a los llamados superafiliados ganar cantidades astronómicas de dinero mientras el resto no recibe nada. Atraen a los ansiosos castores a su sitio web, captan sus direcciones de correo electrónico y sus nombres, los dirigen al sitio web principal de la empresa y crean una relación con ellos.

¿Por qué debería la gente confiar en usted? Prácticamente nadie le comprará en su primera visita, sobre todo si no sabe quién es usted. Por lo tanto, pueden ser necesarios numerosos correos electrónicos con consejos útiles gratuitos antes de que estén dispuestos a depositar su confianza en usted y comprar los productos que les sugiere.

Además, ¿por qué deberían creerme? Puesto que no le estoy costando ni un céntimo, si lo que le digo le parece inútil, lo único que tiene que hacer es borrar este mensaje; sin embargo, cometería el error más grave posible si lo hiciera sin seguir leyendo.

La mayoría de los supuestos gurús quieren que les pagues por adelantado para aprender cualquier cosa sin saber si lo que dicen es cierto o si ganarás dinero utilizando la información que te proporcionan.

Ojalá tuviera un céntimo por cada página web o correo electrónico con el titular "Puede ganar 30.000 dólares en 15 días", como si un principiante pudiera hacerlo. Sí, los cerdos que pueden correr lo suficientemente rápido pueden aprender a volar.

Alguien que ha estado dirigiendo su negocio de Internet con éxito durante un año o dos y ha vendido cientos o miles de productos idénticos a sus consumidores devotos puede hacer ese dinero y, a veces mucho más. Sin embargo, si usted es un principiante, usted está simplemente deseando.

Pero basta de eso; pasemos a cómo y por qué debería empezar a hacer esto. Por qué personas que no son más inteligentes que tú ganan diez veces o más dinero al día que tú mientras tú trabajas hasta morir prematuramente durante cuatro a seis semanas o más es una pregunta que puedo responder fácilmente.

Es una realidad que algunos estudiantes que no tenían notas significativas en la escuela son hoy multimillonarios, mientras que los que destacaban barren las calles por cacahuetes. La riqueza ya no se asocia con la inteligencia, la capacidad intelectual o ser sobrehumano. Utilizando el poder de Internet, personas corrientes a menudo ganan millones y disfrutan de un estilo de vida fastuoso con mucho tiempo libre todos los días.

Muchas personas creen que tener más dinero es malo o incorrecto, pero no entienden por qué todo el mundo debería intentar amasar una riqueza considerable. Si eres rico, puedes apoyar muchas causas nobles y a los más necesitados. Sin embargo, si eres pobre, ni siquiera puedes ayudarte a ti mismo.

Yo he sido pobre antes y lo odiaba, así que ahora estoy intentando hacerme rico, para poder ayudar a los demás en lugar de gastarme todo mi dinero en mansiones caras, vehículos, vacaciones, joyas y relojes. Tener una gran cantidad de dinero de sobra me haría sentir mal si no hiciera también donaciones para ayudar a otros que lo necesitan desesperadamente.

Por eso, el 85% de los que ganan millones en la Lotería Nacional del Reino Unido suelen gastarse todo el dinero en pocos años y acaban más pobres que antes. Malgastan todo su dinero en placeres que no pueden permitirse sin invertir en nada que les asegure un flujo constante de ingresos.

Cuando reciben sus riquezas, reciben muchos consejos útiles, pero son avariciosos y se niegan a escuchar. Por otro lado, las personas que se hacen ricas gracias a sus negocios casi siempre siguen siéndolo porque, al aprender a crear dinero, se sienten motivadas a ganar más para mantener su fortuna.

Incluso si su negocio fracasa en tiempos difíciles, a menudo lo relanzan y vuelven a ser ricos porque saben qué hacer y aprenden de sus experiencias.

Así que empecemos a ser empresarios y liberémonos de las cadenas de la dependencia de esclavos asalariados que nos han impedido alcanzar nuestro derecho de nacimiento, un nivel de vida justo.

¿Cuál es la estrategia paso a paso que estamos empleando? Te lo diré inmediatamente.

PASO 1.

Determina qué es lo que más te interesa hacer o en lo que estás trabajando, ya que hacer algo que te gusta es más probable que te motive a trabajar que un trabajo que haces sólo por el dinero.

Comprueba si hay muchas personas buscando información o una solución a un problema similar a tu pasión o experiencia.

¿Puedes localizarles y ofrecerles lo que necesitan?

¿Cuántos otros sitios web realizan ya esta función y puede usted realizarla mejor?

¿Están dispuestos los buscadores a pagar por las respuestas? Si otros sitios web compiten, debe existir la posibilidad de generar ingresos.

Suponiendo que haya demasiados sitios web, puede ser preferible encontrar otro mercado hambriento y ansioso al que servir o convertirse en afiliado del sitio que más vende si tiene una página de registro de afiliados.

Una vez que haya identificado una pequeña cantidad de competencia, determine cuántas personas buscan esa información en línea cada mes.

Debe localizar un nicho en ese mercado en el que pocas personas proporcionen información o no la estén proporcionando adecuadamente.

Supongamos que le gusta jugar al golf. Si introduce "golf" en Google, recibirá más de un millón de resultados inutilizables porque cientos de sitios web venden equipos de golf, promocionan campos de golf y ofrecen clases de golf. Por lo tanto, debe encontrar un segmento de mercado con mucha menos competencia para aumentar sus posibilidades de ganar dinero.

Si intenta "arreglar su tajada de golf", sus cifras empezarán a mejorar, pero debe dedicar mucho tiempo a esta investigación esencial; de lo contrario, no podrá dejar pronto su trabajo.

Un nicho es un segmento de mercado altamente especializado; si se especializa, tendrá muchas más posibilidades de lanzar su primera empresa. Una vez que haya identificado un grupo probable de personas que buscan respuestas pero tienen dificultades para localizarlas, puede proporcionarles lo que necesitan realizando otras investigaciones en Internet.

Hay muchas categorías en Click Bank donde puede descubrir lo que otros están comprando. Amazon y eBay también son fuentes excelentes. No olvide determinar el número de búsquedas en Google utilizando términos clave. La lista de frases relacionadas con el golf incluye " libros de golf, golf, cómo jugar al golf, cómo jugar como un profesional", etc.

Después de decidir en qué va a basar su primer negocio, busque a alguien que tenga un enlace de afiliado en su sitio web, regístrese y desarrolle su sitio web con un resumen de los beneficios del producto, que debería comprar y utilizar usted mismo. A continuación, puedes redactar un libro en el que describas cómo tu vida ha mejorado enormemente desde que compraste el producto.

Hazlo lo más atractivo posible para que todo el que lo lea lo quiera, pero sólo si lo que dices es verdad. Si intentas fingir, se darán cuenta y no ganarás dinero, así que céntrate en los beneficios más que en las características y compra sólo lo que realmente necesites.

La transmisión automática de seis velocidades de un vehículo es irrelevante. Es beneficioso informarles de que los cambios de marcha son tan suaves que apenas se notan. A nadie le entusiasman los asientos de cuero, pero es un punto a favor si dices que condujiste 350 millas y llegaste oliendo a margarita.

Las ventajas, no las características, motivan a los consumidores a aceptar tu oferta. Es un caso de "qué hay para mí", ya que a nadie le importará si necesitas el dinero a menos que crea que su vida será mejor.

Por lo tanto, ¿qué quiere la gente hoy que usted pueda proporcionarle y por lo que estén dispuestos a gastar dinero? Piense en lo que mejoraría significativamente su vida. ¿Hay alguna forma de ganar mucho más dinero sin trabajar durante mucho tiempo?

Muchas personas buscan respuestas ahí, pero la mayoría al final son engañadas demasiadas veces o se desaniman cuando se dan cuenta de que, al menos al principio, sería necesario trabajar duro.

Quienes buscan soluciones sencillas, grandes sumas de dinero y poco o ningún esfuerzo caerán constantemente en esquemas de "hacerse rico rápidamente" y se empobrecerán. La realidad es que no existe un atajo fácil hacia la riqueza, y sólo aquellos que esperan que todo les venga dado siguen cayendo en tales esquemas. Por lo tanto, ¿cuánto está dispuesto a trabajar durante sus seis horas de tiempo libre en casa cada semana?

Un poco de esfuerzo ahora hará que tu vida pase de ordinaria a extraordinaria; ¿no merece la pena? ¿Está dispuesto a ir a por ello, o se conforma con seguir haciendo lo que no le ha proporcionado la vida que desea? Tienes una elección, así que elige la correcta, o siempre te preguntarás, ¿y si?

CAPÍTULO 3: CRECIMIENTO DE LAS VENTAS DURANTE UNA RECESIÓN.

Siempre hay un aspecto positivo en cada circunstancia. Aunque reconozco que una recesión puede afectar a su empresa, no dicta su resultado. Usted controla esto, pero pocos empresarios comprenden cómo hacerlo. Una vez que esta idea está arraigada en su ser y en su funcionamiento, el aumento de las ventas durante una recesión es más probable; ¡se convierte en un patrón que trasciende las bonanzas y las crisis!

En mi opinión, una recesión acentúa y amplifica las ineficiencias y las malas prácticas de una empresa a la que se le permitió sobrevivir en un mercado que iba hacia arriba.

En tiempos de bonanza, la mayoría de las empresas se conforman con un rendimiento satisfactorio de la inversión, y pocas reconocen que podrían estar obteniendo ventas significativamente mayores si se dieran cuenta de que la dinámica interna de su negocio no es precisa.

Además, los buenos tiempos tienden a fomentar la "pereza" en los negocios cuando hay poca motivación para aprender, superar los límites del crecimiento de las ventas o evaluar críticamente los sistemas/acciones que hacen poco por aumentar las ventas.

Los tiempos de recesión también tienden a exponer la ausencia de ideas y soluciones de muchos de nuestros llamados "líderes" empresariales. Los líderes y los innovadores son los que son pioneros y amplían continuamente los límites de sus respectivos sectores. Lamentablemente, hay muy pocos líderes e innovadores auténticos.

Actúan así en los buenos y en los malos momentos porque son quienes son. Siempre están buscando formas de aumentar las ventas. Reconocen que el estado actual de su negocio es el resultado directo de acciones y decisiones tomadas en el pasado. Si el resultado no es satisfactorio, cambian sus decisiones y actividades para generar resultados favorables.

Los líderes y los innovadores constituyen una parte muy pequeña del mundo empresarial. En consecuencia, pueden seguir generando un crecimiento de las ventas. Aun así, no es difícil descubrirlos en cualquier mercado: sus empresas son las pocas que siempre aparecen activas, siempre tienen clientes y suelen ser reconocidas como líderes del mercado en su sector. Sin embargo, como ya se ha dicho, se trata de un puñado selecto.

¿Por qué?

¿Qué saben o hacen que sea distintivo?

La explicación sencilla es que los propietarios de esas empresas prósperas no piensan ni actúan como la mayoría de los demás propietarios. Estas personas están implicadas en todas las facetas de su empresa. Tienen expectativas muy altas de sí mismos, de sus empleados y de su empresa.

Estas empresas rentables no son fruto de la casualidad. Hacen distinciones que la mayoría no hace. Es tan sencillo como mirar el mismo artículo desde una nueva perspectiva.

La técnica más eficaz para hacerle comprender es hacerle las siguientes preguntas:

1. ¿Conoce en profundidad sus productos/servicios?
2. ¿Conoce los puntos de venta exclusivos de su empresa?
3. Es consciente de que el 1% de sus acciones puede proporcionarle el 98% de sus ingresos?
4. Es consciente de que la pérdida de clientes puede suponer un aumento de los beneficios?
5. Está seguro de que su negocio es el mejor del mercado local?
6. ¿Conoce en profundidad su mercado local?
7. ¿Busca activamente el cambio?

8. ¿Es consciente de la gran diferencia que existe entre empresarios y emprendedores?

9. ¿Conoce su situación financiera actual?

10. ¿Te das cuenta de que la competencia no existe?

11. ¿Es consciente de que todas las respuestas a todas las preguntas pueden encontrarse dentro de su organización?

Las respuestas positivas y rápidas a estas preguntas identifican a las empresas punteras. Eligen empresas con una misión y una base sólida enfocada a la expansión.

Si ha respondido "no" a alguna de estas preguntas, daría a entender que su empresa no está "anclada" a unos cimientos estables y es probable que se la estén llevando los vientos de la recesión. La buena noticia es que su empresa tiene el mayor potencial para un crecimiento rápido y robusto de las ventas - INCLUSO EN ESTE CLIMA ECONÓMICO!

Examinemos la primera pregunta con más detalle.

El primer paso para las personas que trabajan en el sector de las cafeterías es examinar los eslabones de la cadena de suministro de cada producto y recopilar la información más actualizada y precisa sobre qué productos/proveedores ofrecen una consistencia absoluta y la mejor calidad.

En cuanto se produce un descenso de las ventas, los propietarios responden inmediatamente recortando todos los gastos de explotación. Aunque intentar recortar los gastos de explotación es encomiable, hacerlo a expensas de la consistencia y la calidad de los productos repercutirá directa y negativamente en las ventas.

Además, algunos productos necesitan una mayor experiencia en su procesamiento para garantizar una uniformidad total y la mejor calidad. Una vez que un producto, como el café, se ha visto comprometido por el precio, su consistencia y calidad suelen disminuir aún más a lo largo del proceso de elaboración.

¿Por qué?

La mayoría de las veces, existe una correlación directa entre las organizaciones que dan prioridad a la reducción de costes y la falta de formación de los empleados. Cuando un barista carece de la experiencia y las habilidades necesarias para preparar los granos de café con absoluta coherencia y la mayor calidad posible, el cliente final recibe un producto de calidad inferior sin diferenciación en el mercado local.

He sido testigo de cómo muchas empresas generaban inadvertidamente un punto de diferenciación con su café inconsistente y de calidad inferior.

Como ya se ha dicho, la primera línea no es más que un eslabón de la cadena de suministro de café. Si alguno de los eslabones carece de una coherencia total con la máxima calidad posible, la capacidad de una empresa para aumentar las ventas de forma rápida y ágil disminuye sustancialmente.

Una experiencia superior, un análisis comparativo continuo y una dedicación inigualable a la calidad pueden "costar" inicialmente a una empresa, pero el rendimiento del crecimiento de las ventas es nada menos que notable. ¿Le interesaría una tasa de crecimiento del 100 al 1.000% anual?

Para este tipo de mejora del rendimiento, prefiero referirme a este "coste" inicial como una "inversión apalancada". Después de haber trabajado con más de mil empresas basadas en el café. Esta sencilla estrategia ha demostrado su eficacia en repetidas ocasiones.

He descubierto que el mayor obstáculo para un cambio de orientación es la dificultad de los empresarios para aceptar que invertir un poco más para obtener los productos de mayor calidad del mercado (en lugar de recortar gastos) puede aumentar significativamente las ventas. Sencillamente, no creen que las tasas de crecimiento que he citado sean posibles.

Los viejos hábitos son difíciles de erradicar. Si yo estuviera acostumbrado a rendimientos medios durante algunos años y observara que otras empresas de mi entorno consiguen lo mismo, consideraría que los rendimientos medios son la norma.

La realidad es que una empresa NUNCA puede salvar su camino hacia el éxito; más bien, debe VENDER su camino hacia el éxito, y la mejor manera de hacerlo es ofreciendo a los clientes un producto mejor a un precio razonable. ¿Se ha dado cuenta de que no necesito que sus cosas sean baratas?

Ser el producto más barato de la ciudad atrae a clientes baratos, lo que aumenta la carga de trabajo de su personal a cambio de poco. Añadir valor por dinero atrae a quienes están dispuestos a pagarlo y aumenta tu rentabilidad.

A pesar de ello, no basta con suponer que los productos más caros del mercado son los de mayor calidad. Una mezcla de elementos hace que un producto sea superior a otro para su empresa. Factores como:

- El nivel de madurez del mercado, es decir, lo sofisticados que son los gustos de los consumidores para el producto en cuestión.

- El análisis comparativo se realiza de forma objetiva y a través de un grupo de discusión; nunca se lleva a cabo de forma subjetiva.

- El nivel de competencia, conocimientos y experiencia del fabricante.

- La calidad de las primeras materias primas, a menudo conocidas como orígenes o antecedentes.

- Tal vez lo más importante sea saber qué producto cumple el objetivo estratégico general de la empresa (supongo que en la mayoría de los casos es el aumento de los ingresos, pero no siempre ha sido así).

Como puede ver, se necesita mucho más trabajo y reflexión de lo que la mayoría de los empresarios imaginan o se atreven a perseguir. Independientemente de la recesión, el crecimiento rápido y acelerado de las ventas es la recompensa por seguir adelante y explorar los detalles detrás de cada pregunta en la misma medida que la primera.

Es factible hacer que su negocio resista CUALQUIER variable externa mediante la concentración y la diligencia. Esto incluye las condiciones económicas y las tendencias de compra de los consumidores. Las preguntas anteriores proporcionan la información necesaria para desarrollar su empresa en esa dirección.

Los operadores de primer nivel saben que el estado interno de sus empresas determina sus resultados de ventas y la rentabilidad global de sus negocios. Para empezar a mover su empresa hacia ese estado "definitivo", es esencial adquirir información de vanguardia e implantarla dentro de su organización. Sólo deben sancionarse los conocimientos, sistemas y actividades que aumenten rápidamente las ventas. Todo lo demás es tiempo y esfuerzo perdidos.

Además, es esencial no convencerse nunca de que sus conocimientos son suficientes. Nadie lo hace nunca, y comprender esto garantiza que usted y su organización seguirán buscando nuevas oportunidades y progresando positivamente a pesar de los constantes cambios en las condiciones del mercado.

Irónicamente, es sencillo de comprender pero difícil de aplicar. Cuanto más aprendan, organicen y utilicen usted y sus empleados esos conocimientos, mayores serán sus ventas. Por eso hay tan pocas empresas en la cima.

Todas las demás sufren desproporcionadamente durante las recesiones. Espero haberle incitado a plantearse cómo funciona ahora su empresa. En esta situación económica, nada más que un aumento de las ventas demostrará que está poniendo en práctica algunas de las sugerencias anteriores.

CAPÍTULO 4: MARKETING DURANTE UNA RECESIÓN ECONÓMICA.

Todavía se discute si habrá o no recesión. Sin embargo, plantea una cuestión delicada para muchas empresas. ¿Hay que mantener los gastos de marketing o aplazarlos hasta que mejore la economía?

Deje que su marca se venda sola.

Cuando se cuestiona la estabilidad de la economía, la respuesta inicial de muchas empresas es reducir sus actividades de marketing hasta que vuelva el mercado alcista. No hay mejor momento para hacer marketing que durante una recesión real o percibida.

Durante la recesión económica de 1990-1991, John Vanderzee, antiguo director de publicidad de la división Ford de Ford Motor Company, declaró:

"Cualquiera que se retraiga debido a la recesión tiene la cabeza enterrada en la arena". Vanderzee señaló entonces que invertir en marketing en medio de una recesión es esencial.

La recesión puede verse como una oportunidad y no como una sentencia de muerte. Los clientes están evaluando cuidadosamente sus alternativas y seguirán buscando productos y servicios asequibles y de alta calidad a medida que se vuelven más conscientes de los costes. Usted ya va por delante si su producto o servicio es sinónimo de valor.

Además, sus competidores pueden ser menos perceptibles, ya que muchas empresas no reconocen la oportunidad y reducen sus gastos de marketing. Como resultado, pierden oportunidades de cuota de mercado. Como resultado, sus actividades de marketing en curso destacan y tienen más probabilidades de ser escuchadas porque hay menos ruido en el mercado.

Durante una recesión, una marca fuerte puede reportar enormes beneficios, impulsando enormemente el éxito de sus actividades de marketing. Supongamos que su marca muestra valor a su público, está bien gestionada, establece una conexión emocional con su público objetivo e infunde lealtad. En ese caso, es probable que le vaya bien durante cualquier supuesta recesión.

La campaña Retirement Red Zone de Prudential es un ejemplo. Aborda las preocupaciones de los consumidores en materia de jubilación y tranquiliza a la audiencia asegurándole que pueden alcanzar sus objetivos de jubilación a pesar de la actual coyuntura económica.

Mediante anuncios en televisión, radio y prensa, la campaña dirige a los consumidores al sitio web de Prudential. Pueden interactuar con asesores personales y acceder a diferentes herramientas de instrucción, recursos e información en sus sitios web.

No tema si su marca no cumple las normas mencionadas. Ahora es un momento excelente para aumentar la visibilidad (a menudo en medio de menos competencia). Tómese el tiempo necesario para perfeccionar su marca y comunicarse con su público para destacar su valor.

También puede tener una marca conocida y, sin embargo, un producto o servicio superior. Puede cuestionarse si su público seguirá "dándose el gusto" cuando corran tiempos difíciles. Si ha definido y reforzado eficazmente su marca, sus principales clientes seguirán comprando. Considere Tiffany's como ejemplo.

A pesar de las recesiones económicas, Tiffany's sigue prosperando. La gente sigue comprando a pesar del precio, ya que se ha reforzado la calidad de la marca y su atractivo duradero. La tonalidad azul huevo de petirrojo del envase se identifica al instante, incluso sin el nombre de la marca. Comunica la marca sin utilizar palabras.

Uno piensa en la esperanza cuando ve un sobre o un paquete de Tiffany's. Promesa. Algo de valor y sofisticación Los artículos de Tiffany's pueden ser caros, pero representan calidad y evocan sentimientos poderosos y agradables en su mercado objetivo.

Además, existen opciones para revitalizar su marca. Aproveche esta oportunidad para reeducar a sus empleados sobre la importancia de la lealtad a la marca y cómo ayuda a mantener las ventas durante las recesiones económicas.

Esto es justo lo que consiguió Tylenol, que trasladó su devoción interna al marketing exterior. La empresa creó una campaña en la que sus empleados promocionaban la marca y expresaban su lealtad a la organización.

También puede reorientar su marca para atraer a un público más amplio o nuevo. La Campaña de Dove por la Belleza Real abordó los estándares de belleza imposibles y poco razonables de la sociedad para las mujeres declarando: "Eres bella tal y como eres".

En apoyo de esta campaña, Dove animó a todas las mujeres a reconocer su belleza natural. La campaña involucró al público permitiéndole, entre otras cosas, contar su historia, construir sus campañas de belleza verdadera y participar en concursos y blogs. Como resultado, el público colaboró en la promoción de la marca Dove.

Recuerde que la economía acabará recuperándose. Un marketing coherente durante una recesión ayuda a mantener el impulso. Deja un sello indeleble en la memoria de su público objetivo, haciéndolo más proclive a volver a un clima económico más estable. Aquellos que abandonan o limitan sus esfuerzos de marketing durante una recesión tienen muchas más dificultades para recuperarse una vez que la economía se recupere.

Crear limonada a partir de limones.

Su estrategia de marketing actual debe tener en cuenta las recesiones económicas, y no existe una solución única. Debe examinar el valor de marca de su empresa en el mercado y el valor de sus productos/servicios para encontrar el método óptimo. No obstante, he aquí algunas estrategias a tener en cuenta:

Reiterar las preocupaciones del público.

Then, demonstrate how your product or service may alleviate their concerns. Before purchasing, your audience would seek guarantees that your product or service will give great benefits and good value. Quaker Oats redesigned its product in response to the economic downturn of the early 1990s, which plagued it with dismal sales.

First, they engaged the trustworthy, grandfatherly actor Wilford Brimley as a spokesperson. Then, they emphasized that oats were a cheap source of protein, with a bowl costing only nine cents. The outcome was a rise in salesA continuación, demuestre cómo su producto o servicio puede aliviar sus preocupaciones. Antes de comprar, su público buscará garantías de que su producto o servicio le aportará grandes beneficios y un buen valor. Quaker Oats rediseñó su producto en respuesta a la recesión económica de principios de los noventa, que le acarreó unas ventas desastrosas.

En primer lugar, contrataron al digno de confianza y abuelo actor Wilford Brimley como portavoz. Después, hicieron hincapié en que la avena era una fuente barata de proteínas, ya que un bol costaba sólo nueve céntimos. El resultado fue un aumento de las ventas.

Concentrarse en un nicho de mercado.

Determine qué sector de su mercado objetivo necesita más sus servicios. Es más probable que estos clientes sean receptivos a su mensaje. Busque formas de aportar valor añadido, por ejemplo mediante servicios adicionales o ampliados. Esto le ayudará a ganarse su confianza y lealtad gracias a su capacidad de adaptación en un entorno empresarial difícil.

Aprovechar un mercado sin explotar.

Cada día trabajamos a una escala más global. Buscamos mercados hasta ahora inexplorados, sobre todo en países extranjeros. A medida que naciones como China sigan estableciendo su presencia en la economía mundial, ocurrirán dos cosas: aumentará el gasto y estas naciones comprarán más bienes y servicios occidentales. Aproveche esta oportunidad para obtener una ventaja competitiva.

Demuestre su carácter indispensable a los clientes.

Aunque lo construyas, eso no garantiza que la gente venga. Las empresas deben demostrar su valor a los clientes, especialmente durante una recesión.

Proporcione estudios de casos sólidos, ejemplos de cómo los clientes de su objetivo se beneficiarían de sus servicios/productos y estadísticas de éxito de los clientes para respaldar su propuesta de valor. Una marca reputada emana valor, lo que fomenta la fidelidad del cliente.

Apelar a las emociones de los clientes potenciales.

No es casualidad que las campañas de éxito apelen a la fidelidad a la marca y a las emociones de los clientes. Wendy's admitió que la recesión de los años 90 fue dura, pero que aún se podía comer bien en su restaurante. Las hamburguesas se preparaban al momento con carne de vacuno recién molida. La abundante y nutritiva barra de ensaladas era una opción "todo lo que puedas comer".

Durante ese periodo de dificultades económicas, sus ventas se mantuvieron constantes. A pesar de ser muy eficaz, debe asegurarse de que su mensaje sea auténtico, refleje los valores y comportamientos de su público objetivo y sea sencillo de transmitir.

¿Por qué? Porque es más probable que un mensaje muy visual y cargado de emociones tenga un efecto dominó a medida que los clientes difunden el conocimiento de la marca. En esencia, sus clientes actuales y potenciales se convierten en un vehículo de marketing.

Reduzca la brecha de comunicación. En los negocios, la tecnología ha eclipsado la importancia de la interacción humana. Por muy avanzada que sea la tecnología, no puede sustituir la fuerza de los vínculos humanos. Utilice esta estrategia para reunirse en persona con sus clientes y clientes potenciales cualificados.

Pregúnteles por sus preocupaciones y obstáculos actuales y cómo podría ayudarles. Escuchar atentamente y ayudar a los clientes a resolver sus problemas contribuye en gran medida a mantener el impulso del mercado.

Considere sus productos o servicios desde una nueva perspectiva. Es posible que sus productos o servicios hayan tenido éxito en el pasado. No puede confiar en la mentalidad de "lo mismo de siempre" durante las recesiones económicas. Reexamine su producto o servicio para identificar aplicaciones o beneficios novedosos para el cliente.

Durante la recesión de 1990-1991, Kraft Foods promocionó su salsa A-1 Steak Sauce como un excelente condimento para hamburguesas, además del solomillo. Durante ese periodo, era menos probable que los consumidores consumieran filete mignon y más probable que ingirieran carne picada. Por tanto, fue una decisión acertada.

Gastar dinero en artículos y servicios que prosperan en una recesión. Durante la misma recesión económica, Dow Chemical Company desplazó su presupuesto de marketing del limpiador Glass Plus a las bolsas de congelación Ziploc, una línea de productos entonces nueva. La empresa destacó la capacidad de estas bolsas para mantener la frescura de las sobras. De nuevo, un movimiento inteligente, ya que cada vez más consumidores gastaban menos y desperdiciaban menos.

La evaluación y aplicación de estrategias eficaces de marca y marketing pueden ayudarle a mantener los ingresos en tiempos difíciles. En realidad, a pesar de las sombrías previsiones, puede expandir su marca si la construye y publicita adecuadamente.

Los tiempos de recesión exigen acciones proactivas.

En tiempos difíciles, es esencial generar confianza con sus clientes, comprender sus valores y hábitos y permanecer visible con un mensaje que responda a sus problemas. Si sigue estableciendo y gestionando el valor de mercado de su marca, su empresa podrá resistir cualquier recesión económica.

La posibilidad de una recesión puede llevar a muchas personas a actuar de forma reactiva. En lugar de ello, adopte una postura proactiva y descubra oportunidades para que su empresa saque provecho de esta situación. Si lo hace, su negocio saldrá reforzado y, tal vez, con unos cuantos consumidores nuevos.

CAPÍTULO 5: ESTABLECER SU IDENTIDAD DURANTE LA RECESIÓN.

La recesión económica mundial ha provocado la desaparición de muchas de las mayores empresas y organizaciones del mundo, desde aerolíneas a instituciones financieras. Como trabajaba para una de estas empresas o grupos, lo más probable es que esta sea la razón por la que su vecino suele estar en casa ahora.

El auge del empresario astuto.

La realidad dicta que la seguridad laboral no existe. Aumentan los embargos de viviendas y los despidos son cada vez más frecuentes. La gente está perdiendo la fe en sí misma más que en sus jefes. Cualquier pequeña empresa es también vulnerable si los grandes líderes del mercado son susceptibles a la depresión económica. ¿Es esto cierto?

Aunque esto es cierto hasta cierto punto, durante este periodo de vacío, un tiempo de incertidumbre financiera para individuos, familias, empresas y organizaciones, surgirá un cierto empresario inteligente. Durante este periodo, muchos individuos inteligentes empezarán a prosperar.

Siempre se ha dicho que una recesión es el momento perfecto para crear una empresa. Durante este momento, los negocios que venden productos y servicios de lujo empiezan a funcionar mal, mientras que los que venden productos de primera necesidad empiezan a funcionar bien. Creo que ahora es el momento perfecto para crear uno, aunque a la mayoría de la gente le parezca una tontería y arriesgado.

Puedes sacar provecho del hecho de que tu vecino esté en paro reconociendo que miles de otras personas se encuentran en la misma circunstancia. Sin pretenderlo negativamente, puedes establecer tu propio negocio ofreciendo un producto o servicio que el mercado necesita.

La mayoría de la gente cree que no puede montar un negocio en estos momentos porque todas las grandes empresas están fracasando, por lo que suponen e infieren que ellos también fracasarán. Una vez más, no existe el "yo no puedo" o el "nosotros no podemos" porque todos somos humanos y competentes. ¿Quién hubiera imaginado que alguno de estos enormes actores se derrumbaría como Goliat? Nadie está presente.

Ahora es la oportunidad de establecerse como marca.

Si quiere lanzar su propio negocio y establecerse como marca, ahora es el momento de hacerlo. Aunque la mayoría de las empresas pierden dinero, no siempre significa que usted también lo pierda.

Cree una empresa que ofrezca un producto o servicio que la gente ya necesite y sin el que no pueda vivir. Recuerde que los consumidores han reducido sus gastos y han cambiado sus hábitos de consumo.

Gastamos más de nuestro dinero en bienes que necesitamos y que son valiosos para nosotros. Si inicia un negocio vendiendo un producto o servicio que la gente no quiere o no valora, puede perder dinero y fracasar.

En lugar de lamentarte y preocuparte por la recesión y decirte a ti mismo que no hay trabajo, aprovecha la crisis poniendo en marcha tu propia pequeña empresa y hazte pasar por un empresario de éxito que saltó a la fama en medio de la peor depresión económica desde la Segunda Guerra Mundial.

CAPÍTULO 6: CÓMO HACER CRECER SU NEGOCIO DURANTE UNA RECESIÓN.

A pesar del pesimismo, los empresarios astutos se preparan para una eventual recuperación económica. A medida que los clientes recortan, los ciclos de venta se alargan y los ingresos disminuyen, la tentación de reducir drásticamente los esfuerzos de marketing, ventas y atención al cliente es enorme.

En cualquier caso, el teléfono puede sonar menos, los clientes pueden gastar menos y es difícil absorber los gastos continuos de marketing, ventas y atención al cliente. Ahora es el momento de mantenerse firme y expandirse.

Los estudios han demostrado repetidamente que las empresas que continúan o amplían su marketing y su servicio de atención al cliente durante una recesión ganan cuota de mercado y salen fortalecidas cuando la crisis termina.

Eso no significa que deba gastar a lo loco. Sin embargo, hay tres áreas críticas en las que debe gastar ahora para impulsar su organización al siguiente nivel durante la recuperación.

En tiempos de dificultades económicas, el presupuesto de marketing es el primero que recortan las empresas. Sin embargo, en realidad, tal maniobra no hace sino aumentar el dolor. Dentro de unos meses, su éxito futuro vendrá determinado por los recursos de marketing y publicidad que asigne hoy. La demanda no desaparece necesariamente durante una recesión, pero los ciclos de ventas se prolongan a medida que se retrasa la gratificación.

Mientras sus competidores reducen sus presupuestos, mantener el suyo aumentará su cuota de voz en los medios elegidos y en la mente de sus clientes. Para llegar al límite, aproveche esta oportunidad para adquirir espacios publicitarios premium que antes estaban en manos de la competencia o para poner a prueba estrategias de marketing que tenía en mente. Es probable que en este momento tenga más tiempo para dedicarles.

1. Atención al cliente - Otro método eficaz para sacar partido de una recesión es mejorar la atención al cliente. Puede hacer menos negocios, pero eso sólo aumenta el valor de cada cliente potencial y existente. Permitir que sus consumidores naveguen por un laberinto de opciones de tono táctil o saludarlos con un buzón de voz puede ahorrarle dinero a corto plazo, pero podría costarle a largo plazo.

2. Considere la posibilidad de contratar a una empresa que ofrezca servicios de atención telefónica en directo o, mejor aún, servicios de recepcionista local fuera de las instalaciones, donde sus llamadas se contesten en directo y se atienda a los clientes. Las llamadas pueden anunciarse discretamente y conectarse con usted en tiempo real. Algunas empresas de recepcionistas también le organizarán citas in situ.

3. Sistemas - Debe dar prioridad a sus sistemas de ventas y atención al cliente durante una recesión. Ahora es el momento de crear un sistema para atender a los consumidores en persona y por teléfono.

Si ha estado utilizando un sistema de ventas y atención al cliente, puede desear evaluarlo y mejorarlo. Infunda confianza al consumidor proporcionándole una experiencia coherente, pulida y profesional cuando se ponga en contacto con su empresa.

Los clientes están más dispuestos a gastar el dinero que tanto les ha costado ganar en su empresa si tienen más confianza (especialmente en tiempos de dificultades económicas). Tener un comportamiento seguro cuando poca gente lo hace aporta credibilidad a su empresa.

Cuando la economía mejore y se libere la demanda reprimida de bienes y servicios, las inversiones en las áreas adecuadas de su organización pueden producir beneficios favorables.

CAPÍTULO 7: CÓMO DEJAR DE PREOCUPARSE Y REORIENTAR SU ATENCIÓN HACIA EL CRECIMIENTO EMPRESARIAL!

En los negocios, como en la vida, debes saber que obtienes aquello en lo que te concentras. Si te concentras en lo que deseas, lo recibirás; del mismo modo, si te concentras en lo que no deseas, también lo recibirás. Hace poco, un cliente mío dijo sin rodeos: "La gente se está metiendo en una recesión".

Es probable que experimentes ansiedad, estrés, pavor, etc. si te concentras en algo que no deseas. Recuerda que la preocupación es la forma que tiene tu mente de recordarte que debes concentrarte en lo que deseas.

Una profecía de autorrealización.

Demasiadas personas están tan preocupadas por lo que no quieren y desean evitar que no reconocen lo que pueden tener y las oportunidades que existen en el presente.

¿Con qué frecuencia te planteas el peor escenario posible o lo que podría salir mal y, cuando ocurre, comentas: "Sabía que pasaría"? Se convierte en una profecía autocumplida porque está científicamente demostrado que la mente no puede distinguir entre las imágenes vívidas y la realidad. A mayor escala, lo mismo ocurre con la economía.

He sido testigo de cómo las previsiones económicas se convertían en profecías autocumplidas. Cuando un número suficiente de consumidores y empresas aceptan las previsiones económicas y modifican su comportamiento en consecuencia, las previsiones se cumplen.

Los consumidores y las empresas cambian sus decisiones de compra e inversión en función de su nivel de optimismo futuro. Cuando predominan las expectativas económicas pesimistas, el comportamiento de los consumidores y las empresas se modifica en consecuencia, y el gasto y la inversión disminuyen. Por el contrario, cuando abundan las predicciones de bonanza, la confianza, el gasto y la inversión se disparan, y nosotros, como sociedad, generamos tiempos de bonanza.

Recientemente he tenido numerosos encuentros singulares en establecimientos comerciales. Incluso en reuniones de networking, he sido testigo de cómo algunos propietarios de negocios se enzarzaban en un discurso cínico cuando se les preguntaba por su empresa. Observé cómo la perspectiva pesimista del personal afectaba a su comportamiento y a la calidad de su servicio al cliente.

Debido a su preocupación por el pesimismo, pierden totalmente la posibilidad de entablar relaciones con otras empresas y crear oportunidades de remisión y promoción cruzada. Están generando una profecía autocumplida: ¿quién quiere hacer negocios con personas negativas o recomendarles sus servicios?

Lo semejante atrae a lo semejante. Para atraer a buenas personas y oportunidades, primero hay que irradiar positividad. Así que preste especial atención a su actitud y a la de su equipo durante este momento. Si es usted jefe de equipo, mantenga una actitud centrada (y anime a los miembros de su equipo a hacer lo mismo) para que sus niveles de servicio a los clientes existentes y nuevos sigan siendo altos.

Esto es ahora más vital que nunca para diferenciarse de la competencia. Con una perspectiva positiva, será más capaz de ver y aprovechar las oportunidades cuando surjan. ¿Qué profecía autocumplida le gustaría que creara su empresa?

Recuperar el control.

Centrarse en aquello sobre lo que puedes influir es el mejor método para recuperar el control de tu negocio y de los acontecimientos que ocurren a tu alrededor. Puedes controlar tus pensamientos, sentimientos y acciones (incluida la forma en que respondes a las situaciones y a las personas).

Concentrarse en los demás, en los acontecimientos o en las circunstancias que escapan a su control puede llevarle a la frustración. Cuando te concentras en lo que está bajo tu control, te sientes más feliz y más capaz de capitalizar las oportunidades.

He aquí un enfoque sólido para ayudarle a centrarse en sus objetivos y pasar a la acción:

1. Piense en un acontecimiento próximo sobre el que sienta incertidumbre o ansiedad, como una presentación, un ascenso, una reunión, etc.
2. Aclare el resultado que desea para el acontecimiento.
3. 3. Imagine una pantalla de cine delante de usted y visualícese como actor o actriz en la película que representa el acontecimiento futuro.
4. Mientras ves la película, imagina que la situación se desarrolla exactamente como te gustaría,

escuchando las conversaciones que te gustaría oír y experimentando las emociones que te gustaría vivir.

5. 5. Observe cómo ahora se siente mejor ante la ocasión y anticipa que.

Los empresarios y deportistas de éxito visualizan una buena reunión o un buen partido utilizando esta estrategia. Según las investigaciones, los atletas que visualizan el ensayo y el éxito de un partido rinden tan bien el día del partido como los atletas que ensayaron y practicaron físicamente antes del partido.

Imagina cómo te sentirías si tomaras las riendas de tu vida y te centraras en lo que puedes controlar, así como el impacto que esto tendría en el crecimiento y el éxito de tu negocio!

CAPÍTULO 8: SER MÁS ACTIVO QUE PROACTIVO.

La mayoría de las empresas están examinando sus gastos durante la actual crisis económica, pero no están dispuestas a reevaluar su situación financiera general. En lugar de modificar sus operaciones comerciales o su alcance, recortarán gastos, despedirán empleados -generalmente empezando por los de ventas- y esconderán la cabeza hasta que vean signos de recuperación.

Este es un enfoque, pero puede no ser el más eficaz. Para quienes sean receptivos a perspectivas alternativas, he aquí otra forma de ver la situación actual:

Centrarse inicialmente en el servicio al cliente.

Llame a sus consumidores y coménteles sus circunstancias específicas. Pregúnteles cómo afectará la recesión económica a su negocio, algo comparable a hablar del elefante de 600 libras que hay en su salón. Pregúnteles cómo puede ayudarles a ampliar su negocio a pesar de la recesión. Pregúnteles por el cliente de sus sueños y cómo podría facilitarle la presentación.

Cuando la economía atraviesa dificultades, sus consumidores son su mayor activo. Asegúrese de que cuida de ellos o de que pueden buscar empleo en otra parte cuando la economía cambie.

Predecir sus necesidades.

Durante un periodo de baja actividad, puede ofrecer formación gratuita sobre Word, Outlook y Excel al personal de sus clientes. Dedicar una hora a planificar un seminario web para sus clientes puede contribuir en gran medida a demostrar su compromiso y sensibilidad hacia sus necesidades.

Evitar tomar decisiones basadas en el miedo.

Es aceptable reducir el tamaño, pero no hay que hacerlo por miedo. Cualquier decisión tomada de forma reactiva y por miedo a menudo no producirá el resultado óptimo.

Históricamente, en los años 30 se crearon más millonarios tras la crisis bursátil. Por qué?

La posibilidad está en venta.

Ahora mismo es una oportunidad ideal para variar su producto. Si no ha suministrado anteriormente servicios de copia de seguridad a sus usuarios finales, esta puede ser una magnífica oportunidad para que empiece a desarrollar una estrategia de marketing para hacerlo.

La mayoría de las personas con las que colabora saben que la economía se recuperará. Además, es probable que estén muy interesados en abordar sus ineficiencias, por lo que este es el momento ideal para hablar con ellos sobre la mejora de su eficiencia informática.

¿Cuáles son sus principales preocupaciones?

No pongas excusas. Tanto la falta de tiempo como la falta de fondos no son más que excusas.

Se acerca la boda de tu mejor amigo. La boda tendrá lugar en una playa privada de Hawai. Tu amigo rico te proporcionará un billete de avión de ida y vuelta y alojamiento en la playa. Además, todas las comidas y bebidas son gratuitas; lo único que hay que hacer es embarcar. Sólo hay un vuelo que sale hacia Hawai a las 5:30 de la mañana.

Si pierdes el vuelo, no podrás asistir a la boda. Ah, y cobrarás 10.000 dólares por embarcar en el avión. No hay ninguna posibilidad de que pierdas ese vuelo a menos que hayas decidido no asistir a la boda.

¿Cuál es su principal motivación para dedicarse a los negocios? ¿Se dedica con regularidad a las actividades de expansión empresarial más rentables?

La mayoría de las personas encontrarán tiempo para dedicarse a sus intereses. Si la creación de su empresa ha dejado de ser su pasión y su valor, debería abandonar el sector. Su empresa es tan sólida como su eslabón más débil.

¿Cuál es su activo más valioso?

Debes evaluar por qué tu activo número uno no son tus clientes.

Los contactos que has cultivado son tu fuente de ingresos y tu inteligencia de mercado. La mayoría de los empresarios obtienen buenos resultados al principio de sus empresas, pero pierden el contacto una vez que experimentan el éxito. Se trata de una tendencia general que observo en todos los sectores, pero que puede agravarse en el sector de TI debido al aspecto de cumplimiento de la prestación de servicios.

¿Mantiene la comunicación con sus clientes?

Cuando la economía empieza a estancarse, a las empresas les resulta mucho más difícil abrirse camino entre nuevos clientes potenciales y empiezan a creer que crear nuevas empresas es imposible.

A pesar de ello, la mayoría de las empresas descubren que un enfoque coherente facilita la captación de nuevos clientes. Elija una actividad para la que programará tiempo cada día o cada semana. Por ejemplo, haga un número determinado de llamadas diarias a clientes actuales, o programe un café o una comida con sus colegas.

Mejore sus habilidades de marketing y ventas.

A lo largo de la historia de nuestra economía, las cosas suelen deteriorarse antes de mejorar. Sin embargo, suelen mejorar. Es esencial trabajar duro hoy para que, cuando las cosas mejoren, pueda cosechar los beneficios de sus esfuerzos. El uso perfecto de su energía y tiempo es mejorar sus habilidades de marketing y ventas.

La mayoría de los empresarios de TI estarían de acuerdo en que no son buenos en ventas, y los que dicen ser buenos no lo son tanto. La mayoría de los que nos dedicamos a las ventas nos enfrentamos a una constante batalla cuesta arriba para mejorar y evitar cometer los errores típicos.

Digamos que aprendes un nuevo enfoque al mes que te ayuda a cerrar un nuevo trato. Eso son doce ventas recientes al año que no habrías conseguido si no hubieras invertido en formación en ventas. Incluso si sólo cierra seis nuevos acuerdos al año, está muy claro que esta inversión generará un retorno inmediato.

A largo plazo, las organizaciones que hagan bien el marketing ahora tendrán más éxito.

Según la mayoría de los especialistas en marketing, se necesitan entre 17 y 29 toques antes de que un consumidor esté dispuesto a comprar. El momento óptimo para iniciar un plan de marcado fue hace seis meses; el segundo mejor momento es ahora.

El método más eficaz para crear una nueva base de clientes es utilizar toques específicos de bajo coste y gran volumen. A medida que más personas investigan en Internet, su sitio web se convertirá en la herramienta más eficaz para captar nuevos clientes.

Centre su formación en la creación de respuestas automáticas, la evaluación de los análisis web y las tácticas de marketing automatizadas que facilitan a los clientes potenciales el contacto con sus productos y servicios.

CAPÍTULO 9: ESTRATEGIAS PARA LA ESTABILIZACIÓN DE LAS EMPRESAS DURANTE UNA RECESIÓN.

Mi amiga Roseline me llamó ayer para pedirme mi opinión sobre lo que le acababa de decir su contable. Roseline recibió instrucciones de elaborar un "plan de supervivencia" para su empresa. Se resistió a hacerlo y buscó mi cautela y mi opinión.

Roseline no estaba contenta. Además de reducir gastos, su contable le aconsejó que pensara en despedir a uno o dos empleados, suprimir los días de baja por enfermedad y los días de asuntos propios y reducir los salarios de todos.

Es consciente de que muchos propietarios de pequeñas empresas reciben actualmente este consejo.

Sin embargo, le intrigaba saber si era la mejor sugerencia. ¿Existen orientaciones alternativas a tener en cuenta?

Las recesiones suelen ser difíciles. Actualmente prevalece la adversidad. Sin embargo, estar en recesión no te da permiso para tomar medidas drásticas o hacer juicios empresariales estúpidos. No. Ahora es el momento de evaluar cuidadosamente los pasos necesarios para estabilizar su empresa sin impedir su crecimiento.

Antes de tomar cualquier decisión sobre un "plan de supervivencia", le debe a su empresa evaluar estas diez estrategias.

Diez estrategias para estabilizar su empresa durante una recesión.

1. No reduzca sus precios.

Cuando la economía se ralentiza, reducir los precios es lo peor que puede hacer una pequeña empresa. Muchos propietarios de pequeñas empresas se preocupan y bajan los precios. Una vez que reduces tus tarifas, resulta más difícil subirlas en el futuro. Las economías fluctúan. Mantenga sus precios sin cambios.

2. Evitar grandes descuentos.

Si normalmente ofrece un descuento del 10% a los clientes habituales y de repente ofrece un descuento del 20%, sus consumidores asumirán que ahora pueden regatear las tarifas porque saben que usted puede y va a bajar más. No puede retroceder en el tiempo. No desea que esto ocurra. Mantenga su trayectoria. Mantenga el descuento existente.

3. Pensar en pequeño y vender en grande.

En lugar de recortar los precios, los emprendedores de pequeñas empresas inventivas están reempaquetando sus productos y servicios para presentar a los clientes precios más bajos. Se trata de una decisión acertada. En lugar de reducir el coste de sus productos y servicios, hágalos más accesibles colocándolos en envases más pequeños y atractivos.

4. Ofrecer otras alternativas de pago.

Considere la posibilidad de ofrecer opciones de pago alternativas. Algunos propietarios de pequeñas empresas se beneficiarán de promocionar sus productos o servicios con un plan de pago ampliado, aunque esta estrategia no es para todos. De nuevo, evite reducir el precio.

5. Mejore su reputación.

No hay mejor momento que éste para cultivar su reputación. Ahora es el momento de convertirse en una autoridad conocida en su profesión publicando un libro, presentando un programa de radio semanal o dando charlas en eventos del sector, si aún no lo es.

Convertirse en un experto aumentará sus ingresos, le permitirá cobrar más por sus servicios y animará a más gente a comprarle.

6. Toma las riendas de tus pensamientos.

La primera etapa consiste en reconocer sobre qué se tiene y sobre qué no se tiene control. Aunque no puede influir en la economía estadounidense, sí tiene control sobre el nivel de riesgo y exposición de su organización a la economía. Especialmente en los momentos difíciles, debe ejercer un control mental.

Elija la estrategia empresarial que va a adoptar en función de aquello sobre lo que puede influir.

7. Emplear un estado de ánimo razonable.

Es un periodo de incertidumbre y preocupación para muchas personas. Sin embargo, esto no significa que deba empezar a tomar decisiones emocionales e irracionales. Si has tenido una pequeña empresa durante algún tiempo, eres consciente de que un enfoque emocional e irracional no te ha llevado a donde estás hoy y no te llevará al destino de mañana.

8. Adoptar una perspectiva razonable.

Antes de tomar cada decisión empresarial importante, pregúntate: "¿Estoy llegando a una conclusión racional o emocional?". Ignore lo que hacen los demás. Considere la viabilidad a largo plazo de su empresa mientras determina qué costes eliminar.

9. Desarrollar el sentido de la oportunidad.

La clave para sobrevivir a esta recesión y a anteriores dificultades económicas es desarrollar un ojo para las oportunidades. En lugar de retirarse, empiece a buscar oportunidades. Todavía hay muchas disponibles. Al final, los millonarios de 2012 serán los que reconozcan las posibilidades hoy y las aprovechen.

10. Adoptar un estilo de Pensamiento alternativo.

Los medios de comunicación quieren hacer creer que la crisis económica amenaza a todos y a todo. Pero no es así. Para evolucionar más allá de la circunstancia actual, hay que ver más allá.

Piense en el 94% de la población que tiene empleo y no en el 6% que está en paro. El hecho de que haya una recesión en Estados Unidos no significa que tú también debas experimentar una recesión mental. Cambie su forma de pensar. Modifique su producción.

Concéntrate en lo que deseas ampliar.

Tienes las mismas veinticuatro horas que los demás. ¿Qué puede hacer para ampliar su negocio durante esas horas? Aquello en lo que te concentras crece. ¿En qué puedes concentrarte para multiplicar, ampliar o expandir? ¿Qué puedes hacer ahora para que tu negocio crezca en el futuro?

¿Despedir o no despedir? Esa no es la cuestión. No es la respuesta reducir las horas del personal, eliminar los días de baja por enfermedad o reducir el presupuesto simplemente porque otros propietarios de pequeñas empresas lo están haciendo.

Estamos viviendo una recesión. Saldremos de la recesión. Antes de hacer ningún "plan de supervivencia", considere estas diez estrategias para estabilizar su empresa, que no impedirán su éxito futuro, sino que lo mejorarán.

CAPÍTULO 10: CÓMO LAS GRANDES EMPRESAS PUEDEN PROSPERAR INCLUSO EN TIEMPOS DIFÍCILES.

"Recesión" es una de las palabras inglesas más malinterpretadas y perjudiciales. Su uso fácil suscita poderosas respuestas emocionales en clientes y empresas, que van desde el miedo y el pesimismo hasta la sensación de fracaso absoluto.

Sí, la actual desaceleración económica podría empeorar antes de mejorar. Sin embargo, las recesiones no son intrínsecamente negativas ni indeseables. Las recesiones son periodos de "contracción", que nos animan a ser más prudentes con nuestras finanzas y gastos, eliminar el despilfarro y preservar los recursos donde más se necesitan. Es el yin y el yang de los ciclos económicos.

Precaución: Sus creencias sobre la recesión pueden ser fatales para su empresa.

Nuestra economía y nuestras empresas experimentan fases comparables de auge y recesión. Muchas personas, incluido usted, se entristecen o paralizan ante la palabra "recesión" debido a sus opiniones sobre la recesión y al significado que asignan a la frase.

La recesión ES sólo una cuestión de perspectiva.

Denise Corrupt.

Dependiendo de cómo perciba y responda a una recesión, su empresa crecerá de forma rentable o luchará por sobrevivir. He aquí las siete razones principales por las que las grandes organizaciones prosperan durante una recesión, así como sugerencias para que usted haga lo mismo.

Incluso en tiempos de recesión, se exponen las siete razones principales por las que las grandes empresas llegan a la cima.

1. Las empresas con más éxito convierten los peligros externos en oportunidades.

Los japoneses son expertos en gestión de crisis y ven acontecimientos como las recesiones como opuestos. Es decir, ni excelentes ni terribles, sino una combinación de ambos. El carácter japonés para "crisis" representa dos símbolos distintos: peligro y oportunidad. Esta actitud fomenta la receptividad en lugar de la reactividad.

Por eso, los japoneses no se centran en el problema, sino en soluciones innovadoras. No en la supervivencia, sino en el crecimiento. No en las pérdidas a corto plazo, sino en las oportunidades a largo plazo.

¿Cómo ve la actual recesión económica: como una amenaza o como una oportunidad? ¿Cómo ha respondido a anteriores recesiones económicas?

¿Cómo puede ser la recesión una oportunidad para su empresa?

2. Las empresas notables aprovechan y se benefician de los cambios en la dinámica del mercado.

Una empresa puede desarrollarse y generar beneficios durante una recesión si comprende la dinámica subyacente del mercado. Las crisis tienden a inducir cambios en los individuos. El reto consiste en responder rápida y directamente a esos cambios. Para aprovechar estas tendencias, es esencial abordar las cinco "W's."

OMS.

¿Quién compra actualmente? El hábito de compra evoluciona, cambia y se reorienta con más frecuencia de lo que disminuye. Aunque el gasto total disminuya, estas tendencias no pueden generalizarse a todas las industrias y sectores empresariales. A qué nuevos mercados emergentes puede dirigirse?

QUÉ.

¿Qué exigencias y ventajas son actualmente las más importantes para sus clientes? ¿Existen nuevos productos o servicios que puedan abordar estas transiciones o actuar como alternativas viables al quo existente?

CUANDO.

¿Qué necesidades debe satisfacer el cliente inmediatamente en lugar de más adelante? ¿Qué incentivos únicos animarán a los consumidores a comprar hoy?

DONDE.

Durante una recesión, los clientes suelen reconsiderar sus preferencias de compra. ¿A qué proveedores compran actualmente? ¿Cómo pueden hacer sus artículos más accesibles a su mercado objetivo?

POR QUÉ.

El "por qué" aborda las motivaciones de compra subyacentes de los clientes. ¿Qué factores influyen actualmente en las decisiones de compra de los consumidores? ¿Qué expectativas de futuro tienen los clientes? ¿Cómo influirán estas expectativas en su comportamiento de compra actual?

3. Las grandes empresas transforman las "malas" circunstancias en buenos avances.

En tiempos de recesión económica, las empresas de éxito buscan "el lado bueno de las cosas" y movilizan sus recursos para aprovechar esas oportunidades. No reaccionan, sino que actúan.

Los ganadores saben que su futuro no lo dictan los acontecimientos externos, sino cómo reaccionan ante ellos. Se centran en lo que pueden controlar y responden proactivamente a lo que no pueden.

¿Qué medidas proactivas puede tomar en lugar de reaccionar ante la recesión económica? ¿Cómo podría emplear sus recursos de forma más eficaz para aprovechar las oportunidades de crecimiento y beneficios sin explotar?

4. Las grandes empresas abren nuevas vías de crecimiento "despojándose" de activos marginales o inútiles.

Durante los periodos de expansión y progreso, es fácil volverse adicto a gastar más de la cuenta, a "pasarse de la raya" y al exceso de confianza. A menudo, se ocultan comportamientos, actitudes y hábitos descuidados. Las empresas suelen ignorar los fundamentos vitales y el "despilfarro".

Las grandes empresas aprovechan los periodos de desaceleración para deshacerse de los "excesos", es decir, de cualquier gasto de tiempo, dinero o recursos humanos que genere poco o ningún beneficio. Crean espacio para nuevas expansiones e ingresos. Para rendir al máximo, se centran en sus puntos fuertes.

¿Qué gastos, proyectos o actividades están drenando los recursos de su empresa? ¿Qué artículos, servicios o consumidores impiden el flujo de beneficios y deben eliminarse? ¿Qué "grasa" operativa debe recortar para convertirse en una empresa ágil y rentable, especialmente en la actual coyuntura económica desfavorable?

5. Las grandes empresas afinan sus músculos de resistencia para prosperar en tiempos difíciles.

La aceleración del cambio, el aumento de la complejidad y la escalada de peligros se han convertido en la nueva realidad empresarial del siglo XXI. Una empresa debe desarrollar resiliencia para soportar los choques externos que pueden dañarla.

Inicialmente, la resiliencia es una mentalidad. El pensamiento resiliente transforma la duda en seguridad, el miedo en acción y las dificultades en ventajas. A nivel organizativo, la resistencia es el resultado de una cultura sólida centrada en la flexibilidad operativa, la lealtad del personal y el trabajo en equipo.

Las grandes empresas no se recuperan de una sola crisis o contratiempo. Desarrollan su capacidad de recuperación. Desarrollan la capacidad de anticiparse a lo imprevisto y de reinventar continuamente modelos y tácticas empresariales a medida que evolucionan las condiciones.

En una escala del 1 al 10, ¿qué grado de resistencia tiene su organización para recuperarse de crisis o contratiempos?

¿Qué medidas puede tomar hoy para mejorar su capacidad de anticiparse y responder a lo inesperado mañana?

6. Durante las recesiones económicas, las grandes empresas se posicionan agresivamente por delante de la competencia.

La mayoría de las empresas se ponen a la defensiva para sobrevivir a las recesiones económicas, recortan gastos, reducen los esfuerzos de marketing y mercantilizan sus productos y servicios.

Por el contrario, las grandes empresas hacen lo contrario. Se posicionan para tener éxito durante una recesión aumentando las promociones, acelerando el lanzamiento de nuevos productos y manteniendo la visibilidad. Al aprovechar las oportunidades emergentes, las empresas se diferencian durante la recesión y se posicionan para una expansión exponencial una vez que la economía se recupere.

En la actualidad, ¿adopta su empresa una postura ofensiva o defensiva? ¿Qué tres métodos agresivos puede aplicar su empresa para mantener su presencia en el mercado? ¿Cómo pueden ofrecerle las respuestas defensivas de sus competidores nuevas oportunidades de crecimiento y beneficios?

7. Las empresas notables descubren el "aprendizaje" y el "gran propósito" que esconden las situaciones difíciles.

Nuestros mayores obstáculos son nuestros instructores más valiosos. Su "propósito mayor" es influir en nuestros pensamientos, comportamientos, tácticas y actividades para facilitar nuestro desarrollo futuro.

Las empresas perjudicadas negativamente por una recesión nunca pueden comprender el propósito mayor que podría proporcionarles un periodo así. En su lugar, sólo ven lo negativo, reaccionan por miedo y adoptan una mentalidad de víctima.

Por el contrario, las grandes empresas ven las recesiones como oportunidades de aprendizaje. Reconocen que las ideas y técnicas del pasado son insuficientes para afrontar los problemas de hoy.

Las recesiones animan a estas organizaciones a acercarse a sus clientes, reevaluar su rumbo y emprender acciones innovadoras. Su ascenso a la cima es con frecuencia el resultado de sus ideas, actitudes y respuestas a circunstancias tan difíciles.

¿De qué manera le frenan hoy sus pensamientos y estrategias de ayer? ¿Qué nuevas perspectivas y comportamientos debe adoptar para prosperar en la actual recesión económica? ¿Cómo podría mejorar su organización como resultado de la recesión?

Una recesión puede ser una bendición disfrazada si se ve en el contexto adecuado. Al menos el 85% de la supervivencia o el éxito de su empresa durante una recesión está bajo su control. Usted controla cómo ve la situación, cómo reacciona ante ella y cómo aprende y se desarrolla a partir de ella. Las empresas que tengan éxito ascenderán a la cima. ¿Se unirá usted a sus filas?

CAPÍTULO 11: HAGA CRECER SU NEGOCIO INDEPENDIENTEMENTE DE LAS CONDICIONES DEL MERCADO.

La gente se está convirtiendo en pequeñas ardillas. Están recogiendo sus nueces y semillas para prepararse para la "primavera". Como no quieren quedarse sin nada cuando la economía se recupere, renuncian a las oportunidades de preservar los recursos que les quedan. Esta es la acción incorrecta a tomar en este momento. La gente debe reforzar su situación financiera, pero no esconder el dinero en la cama ni enterrar la cabeza en la arena.

Prepárese para la recesión.

Como primer paso, elabore un plan claro y conciso que describa sus metas y objetivos para los próximos tres años. Incluya en su plan una instantánea completa de su situación financiera actual.

Tiene trabajo por hacer si no ha hecho un seguimiento de sus ingresos y gastos mensuales. No puede hacer ningún cambio antes de conocer su situación actual. Después de establecer una línea de base, puede decidir dónde quiere estar dentro de tres años.

Piense en la cantidad de dinero que le gustaría ganar y en los objetos que le gustaría tener en su vida, como un coche nuevo, una casa, juguetes, donaciones benéficas, dinero para el colegio de sus hijos, etc. Una vez que hayas considerado estos factores, calcula los costes asociados a cada uno de ellos.

Con su situación financiera actual y su lista de "sueños" terminada, puede determinar cuánto necesita ganar en los próximos tres años para alcanzar sus objetivos. Cuanto más dinero desees, más servicios o "esfuerzo" te verás obligado a prestar.

Ejecución del plan.

Querrá incorporar a su plan la reducción de la deuda y la acumulación de riqueza. Asigne su dinero actual a estos objetivos de una forma que le resulte cómoda. Incluya una cantidad mensual repetida cuando abra una cuenta de negocios o de inversión.

Si se centra simplemente en eliminar la deuda, actuará sobre las perspectivas de negocio hasta que haya saldado toda su deuda. Este ciclo es ineficaz. Nunca podrás trabajar en tus objetivos y aspiraciones sin fondos.

Todos conocemos el ciclo de la deuda. Justo cuando estás a punto de terminar de pagar tus deudas, se estropea el coche o alguien necesita ortodoncia. Puedes invertir y ampliar tu negocio ahorrando dinero mensualmente en una cuenta de creación de riqueza.

Avanzar mientras otros retroceden.

A medida que crece su cuenta patrimonial, debe buscar acuerdos y oportunidades para ampliar su negocio o lanzar uno nuevo. Actualmente, un ejemplo serían los asesores para solicitantes de empleo. A medida que el mercado laboral se contrae, cada vez más personas necesitan ayuda para distinguirse de otros solicitantes.

Hay muchos métodos por los que un empresario podría ayudar a la gente a encontrar y conseguir empleo. También debe estar atento a enfoques novedosos para mejorar las cosas que emplea a menudo. Los artículos nuevos y mejorados siempre encontrarán un mercado. Además, empiece a prestar mucha atención al comportamiento en el mercado de los millonarios y, más esencialmente, de los multimillonarios.

En tiempos de turbulencias económicas, muchos individuos amasan inmensas riquezas. Si les presta mucha atención, le proporcionarán abundante información sobre empresas fiables y ámbitos en los que sería prudente invertir. Todo depende de cómo pienses y de lo preparado que estés para afrontar los obstáculos de frente.

Mejorar sus capacidades y su mentalidad.

Mejorar tus conocimientos y, lo que es más importante, tu confianza en ti mismo es una de las cosas esenciales que puedes hacer para aumentar tu potencial de ingresos. Leer un libro o ver una película motivadora cada semana puede darte la confianza necesaria para perseguir tus objetivos.

Mientras te sientas a lloriquear por la economía, no ocurre nada. Las personas que no tienen miedo de invertir en sí mismas y pasar a la acción, incluso mientras otros se esconden del mundo, se verán recompensadas en esta nueva era.

Por último, considera el tipo de vida que aspiras a llevar y cómo estás viviendo ya. ¿Cree que sus hábitos, actividades e ideas actuales son congruentes con la vida que desea crear? ¿Qué puede hacer para armonizar estos tres elementos?

Una vez que cambie sus hábitos, acciones y creencias, toda su vida se transformará y podrá crear la riqueza que se merece.

Por último, considere el tipo de vida que aspira a llevar y cómo está viviendo ya.

¿Cree que sus hábitos, actividades e ideas actuales son congruentes con la vida que desea crear?

¿Qué pasos puedes dar para alinear estos tres elementos?

Una vez que cambie sus hábitos, acciones y creencias, toda su vida se transformará y podrá crear la riqueza que se merece. Fíjese el objetivo diario de aprender algo nuevo de estos libros. Cambiará tu visión del mundo.

CAPÍTULO 12: CONCENTRARSE EN LA INNOVACIÓN, NO EN LA RECESIÓN.

El mundo acaba de evolucionar. El viejo mundo de los servicios financieros ya no existe y, como consecuencia, muchas de las perspectivas de empleo que perseguía pueden haber desaparecido.

Puede que el ascenso que buscaba ya no esté disponible. La bonificación por la que ha trabajado durante nueve meses puede no materializarse. Puede que el banco en el que deseaba trabajar ya no exista. La estrategia de salida a largo plazo que tenía en mente puede parecer de repente poco realista.

¿Sólo hay pesimismo? Para algunas personas, tal vez. Pero para los que tienen visión de futuro, es una oportunidad fantástica para reinventarse en lugar de preocuparse por todas las noticias de recesión y declive.

Mientras las instituciones financieras se someten al arduo proceso de reinventarse para responder a las exigencias de un mundo con más regulación, menos beneficios y un crecimiento más lento, usted debería centrarse en reinventarse y reinventar su carrera, independientemente de si se ha visto afectado por reestructuraciones y despidos.

A lo largo de mi carrera me he rehecho tres veces. Cada vez, un mercado difícil ha sido el catalizador. En cada ocasión, el acontecimiento difícil resultó ser lo mejor de mi vida profesional.

Aunque no lo parezca en este momento, el mercado actual puede ser lo mejor que le haya pasado a usted.

He aquí cinco estrategias que he descubierto para rediseñar tu profesión en una economía difícil:

1. Mantente al día (dentro de lo razonable)

Debe estar al tanto de lo que ocurre en el mercado para adaptarse a las demandas en constante cambio. Pero no es necesario leer todos los pronósticos funestos escritos.

Consumir excesivos artículos de noticias apocalípticas y profecías aterradoras le paralizará el miedo, haciendo que no haga nada. "No hacer nada" es una mala estrategia en un mundo en el que todo cambia rápidamente.

2. Mantén la atención en tus ventajas.

Todo banco racionaliza sus operaciones para concentrarse en su actividad principal, en la que está idealmente posicionado para aportar el máximo valor al mercado. Esto es precisamente lo que deberías estar haciendo tú ahora mismo: centrarte en reinventarte en torno a tus principales activos y capacidades distintivas para luego ofrecerlos a organizaciones (propias y ajenas) que puedan beneficiarse de ellos.

3. Centrarse en la diversión.

Has leído bien: "diversión".

Intentar reinventarte en un papel que crees que deberías desempeñar o que otros creen que "sería bueno para ti" no es una buena idea. Cualquier proceso de transformación conlleva un esfuerzo arduo, encontrarse con obstáculos y soportar reveses. Si persigues algo por lo que sientes poca pasión, tienes pocas posibilidades de superar contratiempos o vencer obstáculos.

Céntrese en cambio en identificar funciones que incorporen actividades que le gusten. Empleos que utilicen las habilidades que te gusta utilizar y te permitan trabajar con las personas con las que te gusta relacionarte.

4. Experimente bastante más.

Algunas personas saben que desean transformarse y transformar su trabajo, pero no saben cómo.

Pero he aquí un secreto: no hace falta saberlo. La única forma de determinar la respuesta es realizar experimentos. Observa a alguien, ofrece tus servicios como voluntario y prueba diversas profesiones. Después, empieza a observar lo que te atrae; lo que te atrae suele ser un buen indicador del tipo de cosas a las que deberías dedicarte.

5. Mantente centrado en el sueño.

La mayoría de la gente tiene al menos un sueño. Una visión o un gran plan del estilo de vida que desean para el futuro. Es algo que les deleita y aterroriza simultáneamente. Este es el momento de prestar atención a ese sueño. Un mercado desafiante es una oportunidad para hacer realidad su sueño; la innovación es el vehículo que le llevará hasta allí mucho más rápido de lo que jamás soñó.

Dime, ¿qué sueño te has guardado siempre para ti? ¿Cómo puede utilizar el proceso de reinvención que está a punto de emprender para mantenerse en la senda de su visión convincente? ¿Puedes pasar a la acción en este momento?

Su investigación.

Programe 60 minutos en su calendario durante los próximos días para evaluar esta lista y empezar a reinventarse. Antes de que respondas: "No tengo tiempo", me gustaría recordarte que no se trata de "tiempo", sino de prioridades. Ahora es el momento perfecto para ponerte a ti mismo en primer lugar e invertir en tu desarrollo personal para asegurarte de que estás preparado para un nuevo mercado.

La palabra "reinvención" suena como un término reservado a políticos, artistas y figuras del espectáculo. Sin embargo, no es así. Todos nos reinventamos a lo largo de nuestras vidas y trabajos. El proceso de reinvención forma parte integral de tu crecimiento y desarrollo. En lo que respecta a tu carrera profesional, no haces más que pasar de un CAPÍTULO al siguiente.

En el mundo globalizado e interconectado en el que vivimos, la reestructuración forma parte de la carrera de todos. Como consecuencia, todos tendremos muchos más CAPÍTULOs profesionales que las generaciones anteriores. En consecuencia, es posible que tenga muchas más historias que compartir con sus nietos cuando se jubile.

Así que, aunque el mundo financiero haya cambiado en las dos últimas semanas, considere el estado actual del sector y de la economía como una oportunidad para lanzar la siguiente fase de su carrera. Una oportunidad para escribir su propia historia en lugar de que su empleador o los redactores de titulares lo hagan por usted.

CAPÍTULO 13: ESTRATEGIAS PARA AUMENTAR LAS VENTAS DURANTE UNA RECESIÓN.

Las personas y las empresas no han dejado de gastar. Simplemente son más exigentes y reacios al riesgo en sus decisiones de compra.

Si emplea estas cuatro astutas técnicas para combatir la recesión, saldrá indemne de ella.

Cuatro estrategias de marketing que desafían la recesión.

1. Incluya una oferta introductoria sin riesgo. Por ejemplo, el carrito de la compra en línea que utilizo ofrece una prueba gratuita de 30 días. Puedes registrarte, configurar el carrito de la compra y

utilizarlo para transacciones reales sin pagar hasta el trigésimo día. (A partir de ese momento, ya eres adicto!)

El comprador puede devolver todos los artículos antes del día 30 y no se le cobrará nada. Para los servicios no mensuales, puedes recoger los datos de la tarjeta de crédito del cliente o un cheque por adelantado, garantizando que no se cargará en la tarjeta ni se devolverá la factura si el cliente no está satisfecho.

2. Crear y comercializar artículos informativos. Los productos informativos ofrecen a los clientes potenciales una forma poco arriesgada y comprometida de conocer a un proveedor y acabar confiando en él. Puede vendérselos a quienes no pueden permitirse un servicio completo y a clientes habituales interesados en aprender sobre un tema nuevo.

Además de proporcionar otra fuente de ingresos durante la crisis, los productos informativos seguirán haciéndolo cuando la economía se recupere (como sin duda ocurrirá) sin ningún otro esfuerzo. Empiece por algo pequeño, como informes breves y descargables o grabaciones de audio de entrevistas a expertos, para tenerlo todo listo para la venta en cuestión de semanas.

3. Determine su pulso. Qué es lo que más necesitan sus clientes de forma inmediata?

Preste atención a la tierra. Observe las quejas, consultas y deseos de su público objetivo en los grupos de debate por correo electrónico y los foros en línea. Añada un nuevo producto o servicio o modifique uno actual basándose en lo que haya aprendido sobre sus problemas.

Supongamos que observa más preguntas de lo habitual en los foros financieros de parejas a punto de jubilarse o padres con varios hijos en la universidad. Podría crear fácilmente seminarios, informes y horas de atención telefónica dirigidos a estos grupos específicos.

4. Practica las relaciones públicas. Invierta un poco de esfuerzo en comprender qué es lo que tiene interés periodístico a los ojos de los medios de comunicación y utilice cartas de presentación y comunicados de prensa para promocionar su empresa o a usted mismo. Para conseguir cobertura mediática, basta con llamar a la redacción del periódico o la cadena de televisión de su área metropolitana y explicar por qué usted es el aspecto local del tema más importante del día.

Durante una recesión, puedes tener más posibilidades de conseguir 15 minutos de fama porque es posible que tus competidores hayan reducido los honorarios de su agencia de relaciones públicas. Busca en Google "press release makeover service" para encontrar un compromiso rentable entre crear tus comunicados y pedir a otro que lo haga por ti.

En lugar de escuchar a individuos que van por ahí lamentándose de que el cielo se está cayendo, usted podría utilizar estos métodos adaptados a la recesión. Recordará los tiempos de pesimismo con una sonrisa y una gran fortuna.

CONCLUSIÓN.

Por todas partes se oye que la economía está entrando en recesión, que está al borde de la depresión o que está en recesión. Es como para volverse loco. Si bien es cierto que existen dificultades financieras en el mundo actual, también es cierto que la constante discusión sobre catástrofes financieras contribuye al desarrollo de estas condiciones.

Cuando la gente sólo oye lo horrible que es la economía, que los despidos son inminentes y que tendremos problemas de dinero durante meses, si no años, se vuelve reacia a gastar. Cuando los individuos no gastan dinero, la economía decae. Resulta ser una profecía autocumplida.

¿Cómo se pueden manejar adecuadamente estas difíciles circunstancias económicas a las que todos nos enfrentamos? He aquí algunas sugerencias útiles.

Aléjate del miedo y la fatalidad de los medios de comunicación.

Normalmente veo las noticias en la televisión o las escucho mientras conduzco. La frecuente avalancha de información negativa me impedía ser optimista sobre mi situación financiera. Me sentía cada vez más aprensivo sobre el futuro. He decidido desconectarme de los medios de comunicación. Me niego a leer u oír hablar de lo terrible que son las cosas. En consecuencia, soy considerablemente más positivo sobre mi futuro.

Si le preocupa la situación actual del mundo, puede evitar las publicaciones que afirman constantemente que el fin del mundo es inminente. No se preocupe: se le informará si ocurre algo verdaderamente significativo.

Reconoce que tus logros no son fruto de la casualidad.

El éxito que estás experimentando actualmente es el resultado de lo que eres. No es fruto de la casualidad. No es sólo cuestión de suerte porque hayas trabajado para crear valor para los demás y ahora estés cosechando los beneficios de tus esfuerzos.

El hecho de que las condiciones económicas cambien no indica que tu éxito vaya a desaparecer. Tienes una conciencia de éxito que te ayudará a conseguirlo en un clima económico en constante cambio.

Según un viejo proverbio, si cogieras todo el dinero y lo dividieras a partes iguales, los multimillonarios volverían a ser millonarios rápidamente porque tienen una mentalidad de éxito y prosperidad. Tu éxito es el resultado de tu conciencia; nadie puede arrebatártelo a menos que tú se lo permitas.

Imagínese su éxito continuo.

Mantén una imagen mental de ti mismo como una persona de éxito. Observa cómo los demás te presentan excelentes oportunidades que se traducen en abundantes recompensas. ¿Le parece increíble? No lo es. Es una técnica de éxito muy eficaz. Ralph Waldo Emerson afirmó: "Nos convertimos en lo que pensamos a lo largo del día".

Todos actuamos según cómo nos percibimos a nosotros mismos en nuestra mente. Mantener una imagen mental de tus logros señalará subconscientemente a los demás que tienes éxito. Su prosperidad continuada será inevitable.

No es sencillo, pero merece la pena.

Si cree que esto es sencillo, se equivoca. Con toda la cháchara sobre el declive del mercado inmobiliario, puede que esté loco. Sin embargo, es concebible. Sin embargo, mi propia experiencia y la de otras personas de éxito me han demostrado que cuando controlamos nuestra mente, controlamos nuestro destino.

Según William James, "la mayor revolución de nuestro tiempo es la comprensión de que las personas pueden cambiar las características externas de su vida cambiando las actitudes internas de sus mentes." Era acertado cuando William James lo dijo y sigue siéndolo ahora. Una mentalidad a prueba de recesiones para que puedas seguir disfrutando de todo lo que la vida te ofrece.

Habilidades directivas para directivos.

- Gestión del tiempo para directivos
- Coaching de empleados para directivos
- Formación de equipos para directivos
- Autoconfianza para directivos
- Habilidades de negociación para directivos
- Técnicas de Atención al Cliente para Directivos
- Asertividad para directivos
- Etiqueta Empresarial para Directivos
- Habilidades de escucha para directivos
- Habilidades de liderazgo para directivos
- Habilidades de comunicación para directivos
- Habilidades de presentación para directivos
- Gestión del estrés para directivos
- Toma de decisiones para directivos
- Gestión de conflictos para directivos.

Series: Libertad financiera a cualquier edad.

- Alcanzar la libertad financiera a los 20 años
- Alcanzar la libertad financiera a los 30
- Alcanzar la libertad financiera a los 40
- Alcanzar la libertad financiera a los 50
- Alcanzar la libertad financiera a los 60
- Alcanzar la libertad financiera a partir de los 70.
- Alcanzar la libertad financiera en la infancia
- Alcanzar la libertad financiera en la adolescencia
- Alcanzar la libertad financiera en la universidad
- Estafas financieras a tener en cuenta durante la jubilación.

Series: Finanzas personales para usted.
- ➢ Compra y venta de criptomonedas para principiantes
- ➢ Por qué invertir en acciones con dividendos tiene sentido.

Series: Riqueza 2022.

- ➢ Emprendimiento en línea.
- ➢ Crear su propia empresa
- ➢ Gestión de la riqueza
- ➢ Ingresos Pasivos.
- ➢ 12 pasos para crear su propia empresa.

Series: Excelente servicio al cliente.

- ➢ Excelente servicio de atención al cliente en el comercio minorista
- ➢ Atención al cliente excelente en comida rápida
- ➢ Atención al cliente excelente en restauración completa
- ➢ Excelente Servicio al Cliente en la Enseñanza
- ➢ Excelente servicio al cliente en el sector inmobiliario
- ➢ Excelente Servicio al Cliente en un Call Center
- ➢ Excelente Servicio al Cliente como Recepcionista

- Excelente Servicio al Cliente en un Hotel
- Excelente Atención al Cliente en la Venta
- Excelente Atención al Cliente en cualquier situación.
- Excelente Atención al Cliente en Consultorio Dental
- Excelente Atención al Cliente en Consultorio Médico.

Series: Dinero rápido.

- Dinero rápido en una semana
- Dinero rápido en un fin de semana
- Dinero rápido en un mes
- Dinero rápido para estudiantes.

Series: Cómo promocionar.

- Cómo promocionar su libro de recetas
- Cómo promocionar su libro infantil.

Otros libros de D.K. Hawkins.

- Cómo hacer que su empresa prospere durante una recesión
- Cómo crear plusvalía para los clientes
- Cómo Reconocer las Oportunidades para Aumentar el Flujo de Caja
- En las recesiones es cuando se crean millonarios y multimillonarios.

Biografía del autor

D.K. Hawkins A D.K. le gusta leer libros de negocios personales, así como pasar tiempo al aire libre. Más libros vendrán en esta colección, así que por favor siga en Amazon para más libros.

Gracias por su compra de este libro.

Sinceramente lo aprecio y le aprecio a usted, mi excelente cliente.

Dios le bendiga.

D.K. Hawkins.

www.ingramcontent.com/pod-product-compliance
Lightning Source LLC
Chambersburg PA
CBHW071126240526
45465CB00024B/1396